AF290092

LES 5 FORCES DE PORTER

Comprendre les sources
des avantages concurrentiels

Par Stéphanie Michaux
Sous la direction d'Anne-Christine Cadiat

50MINUTES.fr

DEVENEZ UN PRO
EN BUSINESS !

LES 5 FORCES DE PORTER

- Dénominations ? Les 5 forces de Porter.
- Usages ? Analyse de l'environnement concurrentiel d'une industrie.
- Raison(s) de son efficacité ? Ce modèle permet de :
  - comprendre l'industrie et la nature des relations entre les différents acteurs d'un marché dans lequel une entreprise évolue ;
  - identifier des facteurs de performance et d'influence du secteur ;
  - évaluer comment les changements au sein d'une industrie peuvent affecter sa profitabilité.
- Mots-clés ?
  - <u>Avantage concurrentiel</u> : se dit de la valeur créée par l'entreprise et perçue par les clients, qui la différencie des autres acteurs de l'industrie et qui lui apporte une meilleure rentabilité, la force de différenciation permettant la négociation.

- Concentration d'un secteur : cette notion rend compte de la puissance de certains acteurs dans des secteurs particuliers. Si seules quelques entreprises se partagent le marché, un secteur est dit concentré.
- Concurrence : aspect non négligeable d'un marché déterminé par les entreprises qui y sont positionnées et qui luttent entre elles pour en détenir la plus grande part.
- Coûts de transfert : également appelés « coûts de changement », ils désignent les ressources qui seront nécessairement investies lors du passage d'un(e) système/processus/technologie à un(e) autre.
- Stratégie : détermination d'un ensemble d'actions à mener et de ressources à dégager en vue d'atteindre le(s) objectif(s) initialement fixé(s) sur le long terme et de converger vers la création d'une position unique et enviable dans un environnement concurrentiel.
- Rentabilité : rapport entre les investissements initiaux et les résultats financiers.

Puisque toute entreprise évolue dans un environnement compétitif, se différencier est devenu primordial, voire vital. En plus de veiller constamment à ne pas perdre les parts de marché jusqu'ici acquises pour un domaine d'activité (DAS), l'entreprise doit sans cesse réaffirmer ses différences pour maintenir et créer son propre avantage concurrentiel.

Mis au point en 1979 par Michael E. Porter (né en 1947), professeur de stratégie d'entreprise à Harvard, le modèle des 5 forces permet aux dirigeants d'entreprises d'anticiper les tendances au sein d'une industrie et l'évolution de la concurrence pour influencer cette dernière en posant des choix stratégiques qui leur permettront d'obtenir ou de maintenir un avantage concurrentiel.

Définition du modèle

Le modèle des 5 forces de Porter est un l'outil fondamental pour appréhender la structure concurrentielle d'une industrie. Cet outil d'analyse simple et efficace permet d'identifier les concurrents – au sens large – d'une entreprise, mais aussi de comprendre dans quelle mesure ceux-ci sont susceptibles de réduire sa capacité à générer du profit.

Une analyse complète examine 5 forces : le pouvoir de négociation des clients, le pouvoir de négociation des fournisseurs, la menace provenant des produits de substitution, la menace que représentent les nouveaux entrants et la concurrence intrasectorielle. Les quatre premiers éléments opèrent indépendamment les uns des autres tout en intensifiant les rivalités au sein d'un même secteur.

THÉORIE – PRÉSENTATION DU CONCEPT

Au cours des années soixante-dix, Michael E. Porter rédige et publie une série d'articles consacrés à la stratégie qui aboutissent à la publication de l'ouvrage *Competitive Strategy: Techniques for Analyzing Industries and Competitors*, véritable Bible de la stratégie, traduit depuis lors en 19 langues. Il y développe un modèle puissant qui révolutionne la théorie, la pratique, mais aussi l'enseignement de la stratégie à travers le monde : le modèle des 5 forces.

Cette approche se focalise sur les différentes forces qui structurent et influencent l'environnement concurrentiel d'une industrie. D'un point de vue stratégique, cette technique d'analyse est cruciale pour déterminer le positionnement d'une entreprise sur un marché, mais aussi pour lutter contre la concurrence. Elle nécessite d'identifier clairement :

- les relations de l'entreprise avec les autres acteurs du secteur, à savoir :
  - les clients ;
  - les fournisseurs ;
  - les producteurs de substituts ;
  - les nouveaux entrants potentiels ;
  - les concurrents ;
- et, de ce fait, les 5 forces :
  - le pouvoir de négociation des clients ;
  - le pouvoir de négociation des fournisseurs ;
  - la menace des produits de substitution ;
  - la menace des nouveaux entrants ;
  - la rivalité intrasectorielle.

LE POUVOIR DE NÉGOCIATION DES CLIENTS

L'influence des clients dans un environnement concurrentiel dépend de leur habileté à négocier. Ceux-ci peuvent en effet forcer des entreprises à baisser leurs prix, exiger une plus grande qualité ou des services supplémentaires, ou encore faire jouer la concurrence entre différents acteurs. De cette manière, les consommateurs influencent directement la rentabilité du marché puisqu'ils ont un impact sur les coûts du produit.

Les clients ont d'autant plus de pouvoir si :

- ils sont peu nombreux ou achètent de gros volumes ;
- les produits disponibles sur le marché sont standardisés et se différencient peu de produits concurrents ;
- le coût de transfert d'un fournisseur à un autre est faible ;
- ils peuvent directement intégrer les activités du fournisseur dans leur propre chaîne de production.

LE POUVOIR DE NÉGOCIATION DES FOURNISSEURS

De manière similaire, les fournisseurs peuvent avoir un impact sur la profitabilité d'une société en imposant leurs propres conditions (en termes de coûts ou de qualité) au même titre que les clients.

Le pouvoir des fournisseurs est important lorsque :

- ils sont particulièrement concentrés ou en situation de monopole ;

- leurs clients sont nombreux et issus d'industries différentes ;
- le coût de transfert est élevé ;
- ils offrent des produits différenciés et qu'il n'existe pas de produits de substitution pour leur offre ;
- ils sont capables d'intégrer dans leur *core-business* des activités plus en aval de la chaîne.

Les fournisseurs exercent un pouvoir direct sur une industrie en (re)négociant les termes d'un contrat entre eux et leurs clients (entreprises) et en recherchant en permanence les meilleurs prix.

LA MENACE DES PRODUITS DE SUBSTITUTION

Les produits de remplacement offrent des solutions alternatives à l'offre existante dans un secteur. Ils répondent à des besoins similaires d'une manière différente ou innovante. Par exemple, l'email est un substitut au courrier postal, tout comme le MP3 fut un substitut au *walkman*.

Présents dans toutes les industries, les produits de substitution deviennent de réelles menaces quand :

- ils offrent une meilleure qualité ;
- le coût de transfert vers le produit de substitution est faible ;
- le prix des produits de substitution est plus bas.

De manière plus générale, les produits de substitution représentent une menace en gagnant des parts de marché et en exerçant une pression sur les prix.

LA MENACE DES NOUVEAUX ENTRANTS

Les nouveaux entrants bouleversent le marché en atteignant une position jusque-là inoccupée, en délivrant une plus grande valeur à de nouveaux consommateurs. Leur désir de gagner de nouvelles parts de marché accentue la pression sur les prix et les politiques sur le coût et le taux d'investissement.

La menace des nouveaux entrants est plus forte lorsque :

- aucun brevet ne protège les technologies, ce qui facilite l'accès à celles-ci ;

- les barrières à l'entrée et les besoins en capitaux sont très faibles ;

- les économies d'échelle sont faibles ;
- il existe peu de barrières culturelles ;

- les coûts de remplacement pour le client ne sont pas élevés ;
- les entreprises déjà en place dans ce secteur bénéficient d'images de marque peu établies ;
- les clients ne sont pas forcément fidèles aux entreprises qui les fournissent ;
- la probabilité de revanche des acteurs déjà en place dans le marché est faible ;
- le gouvernement prodigue des aides et des subventions aux nouveaux entrants.

LA RIVALITÉ INTRASECTORIELLE

Au centre du modèle, la rivalité interne au secteur peut être influencée et évaluée par les autres forces du modèle. Les concurrents luttent sans cesse au sein de l'industrie pour accroître ou simplement maintenir leur position au sein de ce champ. La concurrence interne peut s'exercer sous bien des formes et se traduire par des actions telles que :

- des baisses de prix ;
- l'introduction de nouveaux produits ;
- des campagnes de publicité ;
- l'amélioration des gammes de produits et de services.

L'intensité de la concurrence dépend du nombre d'entreprises actives dans le secteur, de leur taille respective et de l'ampleur de leur part de marché. Elle peut s'accroître si :

- le secteur n'est pas concentré, c'est-à-dire lorsque les concurrents sont nombreux et de taille comparable ;
- le taux de croissance de l'industrie se révèle faible ;
- les barrières à l'entrée sont faibles et/ou les barrières à la sortie sont élevées ;
- le degré de différenciation des produits est faible ;
- les coûts fixes sont élevés.

La configuration de ces 5 forces diffère pour chaque industrie. En fonction de l'intensité, la hiérarchie et la dynamique de ces forces, il sera possible d'identifier les facteurs-clés de succès (FCS), soit les éléments stratégiques à maîtriser pour s'assurer un avantage concurrentiel durable.

Les 5 forces de Porter

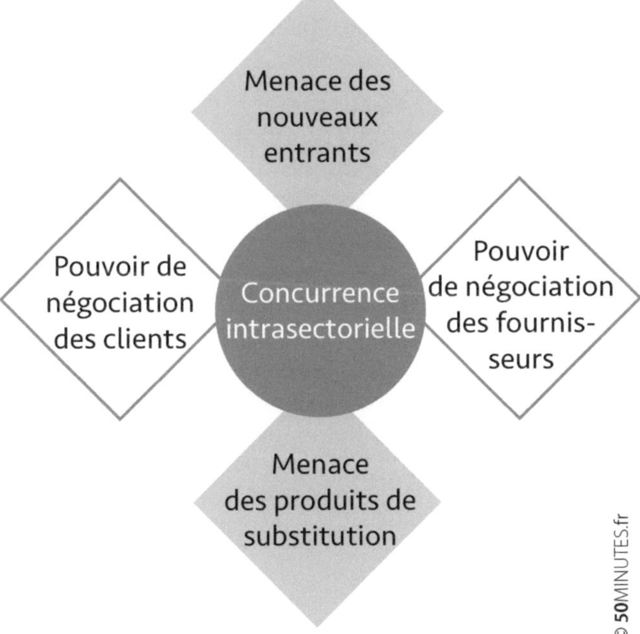

Plus les forces sont intenses, moins les entreprises ont de marge de manœuvre : elles présentent un retour sur investissement moins attractif. *A contrario*, plus les forces sont faibles, plus les entreprises seront rentables, car protégées de leurs concurrents. Il est donc crucial d'investir dans des activités bénéficiant d'avantages concurrentiels durables pour assurer la profitabilité d'un projet, et permettre à une entreprise de conserver ses marges et parts de marché.

De ce fait, la performance d'une entreprise dépendra de sa capacité à combattre et à influencer cet environnement concurrentiel.

LIMITES DU MODÈLE ET EXTENSIONS

L'apport majeur de Porter réside dans la classification des différents facteurs économiques qui affectent les profits d'une industrie dans un modèle, qui inclut l'intégration verticale de la chaîne de valeur, mais également la concurrence au sein d'un marché.

Néanmoins, le modèle de Porter possède également des limites et peut être critiqué pour plusieurs raisons.

LIMITES ET CRITIQUES DU MODÈLE

Un modèle pauvre et incomplet

Plusieurs articles et publications scientifiques ont remis en cause la pertinence du modèle de Porter. Parmi les critiques les plus fréquentes, on note :

- **une sous-estimation des opportunités**. Se focalisant uniquement sur les menaces existantes et futures et sur la défense des parts de marché, le modèle des 5 forces ne laisse que très peu de place à l'analyse des opportunités au sein d'un marché. Il ne tient pas non plus compte des dynamiques d'interactions et de partenariats possibles entre les acteurs d'une même industrie ;
- **la création de valeur occultée**. Dans son modèle, Porter se concentre avant tout sur les barrières à l'entrée ainsi que sur la structure du marché pour garantir des profits plus élevés que la moyenne. Ce faisant, il néglige le concept pourtant central de création de valeur pour les clients et le développement de nouveaux produits et services au sein de l'entreprise ;
- **la primauté de l'industrie**. En centrant son approche sur la structure d'une industrie, le modèle proposé par Porter se révèle identique pour tous les concurrents actifs sur un même marché. Dès lors, il devient nécessaire de tenir compte d'autres paramètres dans une analyse concurrentielle élargie – par exemple des points forts et des cœurs de compétences des

organisations actives dans l'industrie. En effet, les entreprises peuvent occuper des positions uniques et enviables au sein de leur marché, positions susceptibles de les isoler de certaines forces ;

- **un oubli de la variation de la demande**. Le modèle de Porter occulte les facteurs qui peuvent influencer la demande. Ainsi, il ne tient pas compte des principes économiques tels que la variation des revenus ou des goûts des consommateurs ;
- **une analyse qualitative**. Par sa nature qualitative, le modèle de Porter ne permet pas d'estimer de manière précise l'intensité des forces. Par exemple, si une application du modèle laisse suggérer que la menace des nouveaux entrants est élevée, elle ne donnera en revanche aucun outil pour calculer la probabilité de ces entrées. Le modèle est donc particulièrement utile pour identifier les tendances et les changements au sein d'un même secteur.

Un modèle caduc ?

D'autres analystes vont encore plus loin et soutiennent que le modèle des forces de Porter est incompatible avec une économie mondialisée et le développement des nouvelles technologies. En adéquation avec une vision de la stratégie fondée sur la concurrence et l'importance des barrières à l'entrée, ce modèle est mis à mal par l'économie actuelle, qui laisse la place aux nouveaux entrants aux formes diverses et qui se renouvellent régulièrement. On a vu à de nombreuses reprises ces dernières années l'avantage concurrentiel de grandes entreprises réduit à néant à cause d'innovations radicales. Ainsi Kodak, autrefois acteur incontournable du secteur de la photographie, fut contraint de déposer le bilan en janvier 2012.

De la même manière, l'analyse de Porter n'intègre pas les synergies et les interdépendances des portefeuilles d'activités des grandes entreprises telles qu'elles peuvent exister dans une économie globalisée.

EXTENSIONS ET MODÈLES CONNEXES

Les 5 (+1) forces de Porter

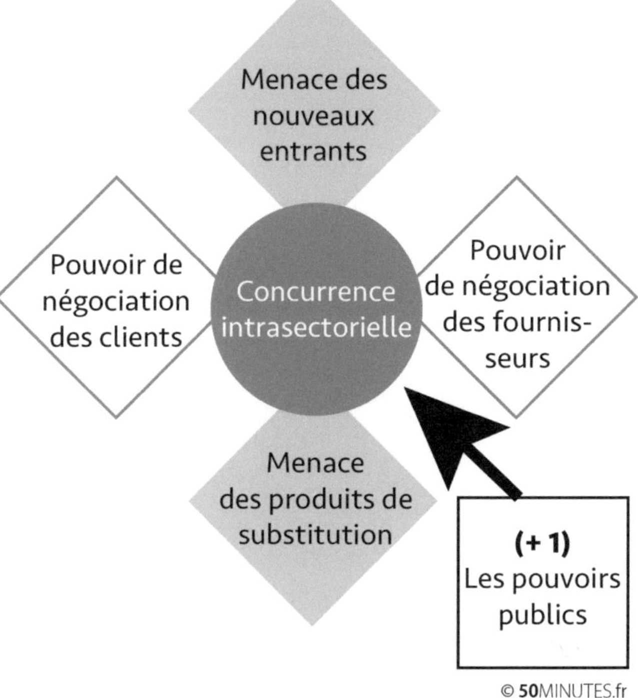

Le modèle original de Porter peut être complété par une sixième force dont l'influence n'est pas négligeable : les pouvoirs publics. On parle dans ce cas de modèle des 5 (+1) forces.

S'il n'était pas envisagé dans le premier modèle sauf en tant que fournisseur ou client, le gouvernement doit néanmoins être pris en compte pour son rôle de régulateur. En effet, les entreprises s'affrontant sur un même marché sont obligées de se soumettre à un cadre légal donné propre à chaque territoire. De cette manière, des paramètres tels que les normes et règlementations, les taxes ou encore les relations diplomatiques entretenues par un État structurent également le marché.

Dans ses travaux les plus récents, Porter réfute cette prolongation du modèle. Selon lui, le gouvernement ne peut être considéré comme une force, mais bien comme un facteur. La meilleure façon de comprendre l'impact d'un gouvernement sur une économie est d'analyser comment les mesures prises par les pouvoirs publics à l'intérieur d'un état peuvent affecter les 5 forces.

Au même titre que les pouvoirs publics, Porter insiste également sur l'importance des « compléments ». Ces produits et ces services sont utilisés de manière complémentaire aux produits issus de l'industrie étudiée. Les compléments entrent en compte lorsque le bénéfice des deux produits combinés se révèle plus important que la valeur de chaque produit additionné. Ceux-ci peuvent jouer un rôle considérable, notamment dans le secteur des nouvelles technologies (par exemple un logiciel spécifique à l'industrie de la télécommunication), car ils affectent la demande.

MISE EN PRATIQUE DU CONCEPT

CONSEILS ET BEST PRACTICES

Pour bien analyser la nature d'une industrie, il convient de procéder par étapes.

Définir l'industrie étudiée

Pour définir une industrie, il faut se focaliser sur deux éléments-clés : les produits et l'espace géographique. Quels produits prendre en compte dans son analyse ? Quels produits écarter, car ils appartiennent à une autre industrie ? Dans quelle zone géographique les concurrents sont-ils actifs ?

Identifier les composantes du modèle

Il faudra ensuite veiller à identifier chaque force grâce à des questions spécifiques à chacune d'elles. Y répondre permettra de dégager les tendances, mais aussi les menaces qu'elles représentent. Il est important de répondre à ces questions en deux temps afin de visualiser la situation actuelle et d'anticiper la tendance future.

Les clients ou les groupes de clients

- À quel point l'industrie de mes clients est-elle concentrée ?
- Quel est le volume d'achat effectué par ces groupes de clients ?
- Peuvent-ils se tourner vers des substituts ?
- Font-ils des investissements spécifiques pour faciliter les transactions avec certains partenaires ?
- Représentent-ils une réelle menace d'intégration des activités de production en aval ?
- Les prix peuvent-ils être négociés entre les clients et les fournisseurs à chaque commande ?

Les fournisseurs

- L'industrie des fournisseurs est-elle plus concentrée que celle étudiée ?
- Quel est le volume d'achat effectué par l'industrie étudiée ?
- Les entreprises de mon secteur font-elles des investissements spécifiques pour supporter les transactions avec ces fournisseurs ?

- Représentent-ils une menace d'intégration vers l'amont de la chaîne ?
- Sont-ils obligés d'augmenter les prix ?
- Est-il facile pour eux de trouver de nouveaux clients ?
- Les marques de mes fournisseurs sont-elles fortes ?

Les concurrents existants

- Quelle est la structure de la concurrence ?
- Quel est le degré de différenciation des produits ?
- Quels sont les objectifs stratégiques des concurrents ?
- Quel est le taux de croissance du secteur ?
- Quelle est la structure des coûts de l'industrie étudiée ?
- Quel est le degré de concentration des vendeurs ?
- Les différences de coûts entre concurrents sont-elles significatives ?
- Les entreprises peuvent-elles ajuster leurs prix facilement ?
- Existe-t-il des barrières à la sortie ?
- Le prix de la demande est-il ajustable ?

- Les concurrents sont-ils en capacité excédentaire ?

Les produits de substitution

- Ces produits sont-ils disponibles ? Le sont-ils en grande quantité ?
- Quel est le rapport qualité/prix perçu pour ces produits ?
- À quel point le prix de la demande est-il souple ?
- Existe-t-il des compléments ?
- Quel est leur rapport qualité-prix ?

Les nouveaux entrants

- Quels sont leurs besoins en capitaux pour pénétrer le marché ?
- Réalisent-ils d'importantes économies d'échelle ?
- Quel est le niveau de leur image de marque ?
- Ont-ils facilement accès aux réseaux de distribution ?
- Ont-ils facilement accès aux matières premières ?
- Ont-ils facilement accès à la technologie adéquate ?
- Sont-ils soutenus par les pouvoirs publics ?

- Quelle est leur ambition ?

Il conviendra de bien hiérarchiser les différentes forces pour que le modèle qui en résulte soit adapté à l'industrie étudiée.

Identifier les moteurs de chaque force et déterminer leur degré d'intensité

Chaque force doit être interrogée : est-elle suffisamment influente pour affecter l'industrie en diminuant ou en élimant ses profits ? Le poids de ces forces permet de déterminer la capacité d'une entreprise à dégager un profit. Plus l'intensité de ces 5 ou 6 forces est élevée, plus les possibilités de profit seront limitées, car le marché sera considéré comme stagnant. *A contrario*, si les forces sont faibles, il est en théorie possible de dégager des marges importantes.

Notez qu'il ne faut pas considérer qu'une industrie – ou un secteur – à forte croissance est toujours attractive. Si elle offre beaucoup d'opportunités, elle risque de voir apparaître une forte concurrence dans un avenir plus ou moins proche.

Délimiter la structure de l'industrie et évaluer

- Quel est son degré de rentabilité ?
- Qui contrôle et influence les forces ?
- Combien de temps cette analyse sera-t-elle pertinente ?

Analyser les récents et potentiels changements dans l'industrie

Les changements au sein d'une industrie peuvent être abrupts, aussi faudra-t-il en tenir compte et actualiser en permanence les critères d'analyse. L'analyse peut faire ressortir les facteurs-clés du succès, qui permettront à l'entreprise de développer un avantage concurrentiel durable et décisif.

BON À SAVOIR

Lors de cette analyse, de nombreuses erreurs peuvent survenir en :

- définissant trop maladroitement l'industrie ;
- listant les acteurs au lieu de se livrer à une

réelle analyse ;
- ne tenant pas compte de l'évolution de l'industrie ;
- confondant les effets et les causes ;
- ignorant les tendances qui s'exercent à l'intérieur même du secteur.

De plus, une telle analyse doit se référer aux principes économiques qui s'appliquent à chaque force. Les outils d'analyse pour la concurrence intrasectorielle, les nouveaux entrants et les produits de substitution renvoient à la théorie des jeux et de l'organisation industrielle. Quant à l'étude de l'influence des clients et des fournisseurs, elle est dérivée de la théorie des relations verticales des entreprises.

Le modèle est avant tout une base pour poser des choix stratégiques. De nombreuses décisions de cet ordre peuvent donc découler d'une telle analyse, et l'on retrouve, parmi les plus fréquentes :

- **le (re)positionnement de l'entreprise**. Après analyse et pour surpasser leurs concurrents, les managers peuvent choisir de (re)positionner leur entreprise en se différenciant soit par les coûts soit par un autre avantage concurrentiel qui leur permettra d'échapper à l'influence de certaines forces et donc de s'assurer des profits sur le long terme ;

- **l'appropriation d'un nouveau segment peu exploité de l'industrie**. En investissant une niche encore peu exploitée, une entreprise peut s'assurer un retour sur investissement plus élevé ;
- **l'influence sur les forces en sa faveur.** Même si cette manœuvre est plutôt ardue, une entreprise peut essayer de changer et d'influencer les forces en sa faveur notamment en signant des partenariats avec d'autres acteurs pour limiter le niveau de concurrence intrasectorielle ou en rachetant de nouveaux entrants. Pour réduire le pouvoir des fournisseurs, une entreprise peut décider d'intégrer certaines activités de ceux-ci au sein de sa propre chaîne de valeur.

Enfin dans une perspective entrepreneuriale, cette analyse devra être inscrite dans une analyse stratégique bien plus large et comprenant par exemple les analyses SWOT (forces, faiblesses, opportunités et menaces) et PEST (politique, économique, social, technologique, écologique et légal) qui permettent de dégager les opportunités et les menaces susceptibles d'apparaître dans un secteur.

ÉTUDE DE CAS –L'INDUSTRIE DES *E-READERS*

Pour illustrer notre propos, intéressons-nous au marché des liseuses, également appelées *Ebook Readers* ou *e-readers* par nos voisins anglophones.

ce nouveau produit, compte aujourd'hui de plus en plus de lecteurs numériques.

L'industrie du livre, qui a profondément évolué ces dernières années à cause d'un contexte économique difficile, doit faire face à des défis conséquents. Parmi ceux-ci, on retiendra notamment le développement spectaculaire du commerce en ligne et la fermeture de nombreuses librairies. L'apparition de la pratique de la lecture numérique elle-même bouscule les modèles économiques traditionnels. Si en 2012, le chiffre de ventes annuelles américain des liseuses s'élevait à 25 millions de dollars, on estime que, pour l'année 2013, 32 % des Américains disposaient d'une liseuse alors que plus de la moitié d'entre eux possédaient une tablette. Désormais, on considère que le marché des liseuses sur ce territoire est mature.

Quelles sont donc les forces qui sous-tendent cette industrie particulière ? Quels acteurs exercent une pression ? Quelles entreprises accélèrent les tendances ?

- **Le pouvoir de négociation des clients.** Dans le cas présent – celui des lecteurs numériques –, l'intensité de cette force est considérée comme moyenne. Au vu du faible nombre de vendeurs pour un très grand nombre de lecteurs, le transfert d'un acheteur vers un autre type d'appareil de lecture n'occasionne qu'un impact modéré. En effet, le volume d'achat moyen d'un lecteur numérique n'est pas assez important que pour déstabiliser un acteur de l'industrie en cas de changement. Néanmoins, le coût de transfert, qui correspond ici à l'effort que le lecteur doit fournir pour passer à la concurrence, est relativement élevé compte tenu des écosystèmes en place à l'heure actuelle ; le lecteur a effectivement tendance à préférer la librairie associée à sa liseuse. Ainsi, si l'acheteur en vient à se séparer de son premier modèle (par exemple un Kindle, associé à la librairie Amazon), il rencontrera des difficultés pour transférer les livres déjà en sa possession vers son nouvel appareil de lecture s'il privilégie une autre marque.

- **Le pouvoir de négociation des fournisseurs.** Le pouvoir de négociation des fournisseurs d'entreprises actives sur le marché des liseuses est aussi relativement faible, car il est très peu probable que ceux-ci intègrent les activités en aval de leur chaîne. Par ailleurs, si les fournisseurs en venaient à augmenter sensiblement leurs prix, les entreprises de l'industrie des liseuses n'auraient aucun mal à trouver d'autres prestataires tout aussi qualifiés, puisque cette industrie est très peu concentrée.

- **Les produits de substitution.** Puisque de nombreux autres produits peuvent remplacer les liseuses, à commencer par les livres papier et les tablettes, les clients sont difficiles à fidéliser sur le long terme. Plus spécifiquement, les liseuses, ne présentant plus d'évolutions technologiques depuis plusieurs années, risquent fortement de se voir rattrapées par les smartphones qui possèdent des fonctionnalités non seulement similaires mais aussi complémentaires. De manière plus générale, la lecture est surtout en concurrence avec l'offre de loisirs dans sa globalité. La menace des substituts est d'autant plus élevée qu'on constate chaque année une diminution du nombre de lecteurs.
- **Les nouveaux entrants.** Ce marché, qui est un marché de niche, ne peut soutenir un nombre

trop important d'entrées de nouveaux acteurs. Certains groupes précurseurs sont par ailleurs déjà bien installés dans ce marché mature et occupent de larges parts de marché au niveau mondial, aussi est-il relativement compliqué de s'imposer face à ces derniers. En effet, pour les nouveaux entrants, l'enjeu est double puisqu'il leur faut disposer d'entrée de jeu d'un très grand capital financier nécessaire à la production, ainsi que d'un très large volume d'unités à produire pour réaliser des marchés d'échelle. Ce cas de figure n'est possible que si la valeur créée par ces nouveaux entrants est perçue massivement par les clients qui pourraient y voir un avantage incontournable. La menace des nouveaux entrants est donc relativement faible.

- **La concurrence intrasectorielle.** L'industrie des liseuses est une industrie hautement compétitive, où un faible nombre d'acteurs mondiaux se partagent le marché. Le Kindle d'Amazon, avec un taux d'équipement d'environ 40 %, le domine indubitablement. Jusqu'il y a peu, il était suivi par PanDigital, le Nook de Barnes and Nobles et Sony, tandis que les autres acteurs n'occupaient que les 20 % restants. La rivalité s'accentue lorsqu'en février 2014, Sony annonce l'arrêt de la production de ses liseuses aux États-Unis, lassé par la pression propre au marché des liseuses, qui y est particulièrement forte. Sa base de clients est alors transférée à son ancien rival, Kobo.

Le marché des liseuses

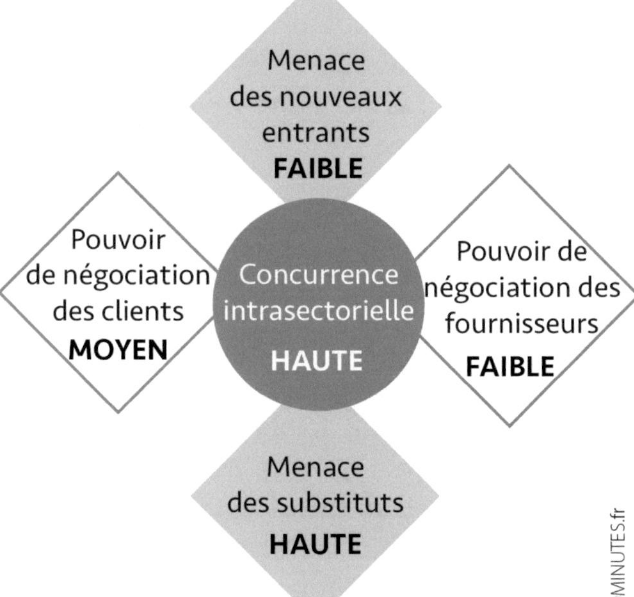

L'industrie des liseuses a atteint en quelques années seulement une maturité de marché. Aujourd'hui entre les mains d'une poignée d'acteurs qui se livrent une guerre sans merci, elle voit déjà le nombre de substituts augmenter de manière inquiétante. Il est donc fort probable que l'on observe d'ici peu une diminution conséquente de la rentabilité de ce marché, mais également, et ce de manière progressive, une réduction des investissements dans ce secteur au profit d'autres technologies similaires aux horizons plus prometteurs. Amazon, conscient de ce glissement, semble déjà prendre des décisions stratégiques allant dans ce sens, avec le lancement de ses tablettes et de ses smartphones.

- Développé par Michael E. Porter en 1979 et considéré comme l'un des fondements théoriques de la stratégie actuelle, ce modèle permet d'analyser l'environnement concurrentiel d'une industrie.
- 5 forces – à savoir le pouvoir de négociation des clients, celui des fournisseurs, la menace des produits de substitution, celle des nouveaux entrants et enfin la rivalité intrasectorielle – sont articulées dans ce modèle afin de fournir aux entreprises des pistes de réflexion pour comprendre les interactions au sein de leur secteur d'activité.
- En plus d'aider à visualiser la concurrence et à apprécier la rentabilité d'une industrie, ce modèle accompagne la réflexion des chefs d'entreprise qui désirent affiner leurs stratégies sur le long terme.
- Aussi bien pensé soit-il, le modèle de Porter connaît pourtant des limites, parmi lesquelles une sous-estimation des opportunités, une suprématie de l'industrie par rapport à l'en-

treprise et une occultation des facteurs qui affectent la demande.

- Le modèle peut être assorti d'une sixième force : le gouvernement. En effet, celui-ci peut influencer les relations économiques entre les acteurs d'une même industrie et donc, indirectement, la profitabilité de celle-ci.

Votre avis nous intéresse !
Laissez un commentaire sur le site de votre
librairie en ligne et partagez vos coups de cœur sur
les réseaux sociaux !

POUR ALLER PLUS LOIN

SOURCES BIBLIOGRAPHIQUES

- BESANKO (David), DRANOVE (David), SHANLEY (Mark) et SCHAEFER (Scott), *Economics of Strategy*, 6ᵉ édition, Hoboken, Wiley, 2013.

- MAGRETTA (Joan), *Comprendre Michael Porter. Concurrence. Stratégie*, Paris, Eyrolles, 2011.

- PORTER (Michael E.), *Competition in Global Industries*, Boston, Harvard Business Press, 1986.

- PORTER (Michael E.), *Competitive Strategy*, New York, Free Press, 2008.

- PORTER (Michael E.), « The Five Competitive Forces That Shape Strategy », in *Harvard Business Review*, 2008.
  http://www.exed.hbs.edu/assets/documents/hbr-shape-strategy.pdf

- PORTER (Michael E.), « Towards a Dynamic Theory of Strategy », in *Strategic Management Journal*, vol. 12, issue S2, 1991.

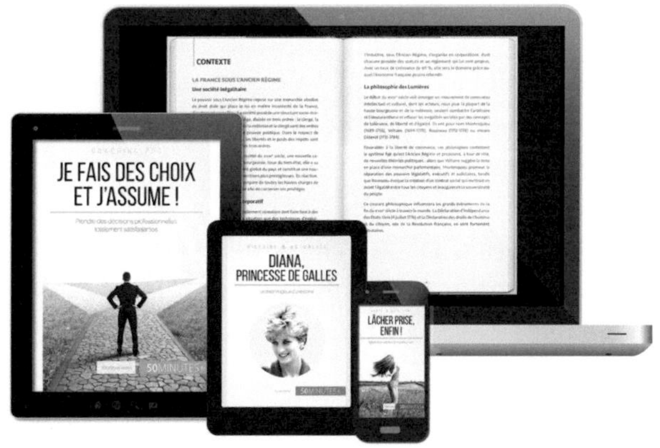

50MINUTES.fr

ISBN ebook : 978-2-8062-6237-0
ISBN papier : 978-2-8062-6238-7
Dépôt legal : D/2014/12603/415
Photo de couverture : © Primento

Conception numérique : Primento,
le partenaire numérique des éditeurs